Ingo von Münch
Rechtliche und politische
Probleme von Koalitionsregierungen

Schriftenreihe
der
Juristischen Gesellschaft zu Berlin

Heft 128

W
DE
G

1993
Walter de Gruyter · Berlin · New York

Rechtliche und politische Probleme von Koalitionsregierungen

Von
Ingo von Münch

Vortrag
gehalten vor der
Juristischen Gesellschaft zu Berlin
am 14. Oktober 1992

W
DE
G

1993
Walter de Gruyter · Berlin · New York

Dr. iur. *Ingo von Münch,*
Professor am Institut für Internationale Angelegenheiten
an der Universität Hamburg

⊗ Gedruckt auf säurefreiem Papier,
das die US-ANSI-Norm über Haltbarkeit erfüllt.

Die Deutsche Bibliothek – CIP-Einheitsaufnahme

Münch, Ingo von:
Rechtliche und politische Probleme von Koalitionsregierungen:
Vortrag gehalten vor der Juristischen Gesellschaft zu Berlin
am 14. Oktober 1992 / von Ingo v. Münch. –
Berlin ; New York : de Gruyter, 1993.
  (Schriftenreihe der Juristischen Gesellschaft zu
  Berlin ; H. 128)
  ISBN 3-11-013922-7
NE: Juristische Gesellschaft ⟨Berlin⟩ : Schriften-
reihe der Juristischen Gesellschaft e. V. Berlin

I. Das Wort Koalition

Am Anfang steht das Wort: im „Etymologischen Wörterbuch des Deutschen[1]" steht das Wort Koalition zwischen „knutschen – liebkosend an sich drücken, heftig küssen (19. Jh.), älter: drücken, pressen, quetschen" und „Knüttel – Knüppel, althochdeutsch Stock mit verdicktem Ende, Keule" vorher und „Kobald – dem Nickel ähnliches und meist mit diesem gemeinsam vorkommendes Metall, die obersächsische Form von Kobold, zunächst ein Scheltwort für Bergleute für ein für wertlos gehaltenes Mineral, das bei der Verhüttung nicht das erwartete Produkt (z. B. Silber) ergab", und „Koben – Verschlag, kleiner Stall, mittelhochdeutsch Stall, Schweinestall, Käfig, Höhlung" danach.

Gewiß: Ein Wort kann sich seine Nachbarn im Wörterbuch nicht aussuchen. Die nachbarschaftliche Nähe kann auch etymologisch zufällig sein, ja – wenn Worte Wesen mit eigenem Willen sein sollten – auch ungewollt. So mag es denn ein linguistisches Spiel des Zufalls sein, daß das Wort Koalition in Worte eingebettet ist, deren Inhalt in der politischen Praxis von Koalitionen oft Realität ist: Zwar nicht „liebkosend an sich drücken, küssen", wohl aber „drücken, pressen, quetschen", kommt wohl auch in besseren Koalitionen vor. Mit dem Knüppel wird in einer Koalition nicht geschlagen, aber gedroht, etwa mit dem Knüppel der Neuwahl, wenn diese dem Koalitionspartner weh tun würde. Daß manche Koalition nicht „das erwartete Produkt (z. B. Silber)" erbrachte, in diesem Sinne also ein Kobald war, ist gesicherte historische Erfahrung. Was schließlich die Nähe zum Koben betrifft, so mag das Klima in mancher Koalition säuisch sein, jedenfalls aber kann eine Koalition von dem einen oder dem anderen Partner oder von beiden schon als Käfig empfunden werden.

Koalition heißt – um ein letztes Mal bei der Etymologie zu bleiben – Vereinigung, Bündnis; der Ursprung des Wortes Koalition liegt im lateinischen coalescere, d. h. zusammenwachsen, verschmelzen, sich einigen[2]. In der neulateinischen Wissenschaftssprache bedeutet coalitio die Vereinigung bestimmter Substanzen in Chemie und Arzneimittellehre – im modernen Alltag von Koalitionen heißt es denn auch, um die Verbindung zu Chemie und Arzneimittellehre herzustellen, gelegentlich oder öfters: „Die Chemie zwischen den Koalitionspartnern stimmt nicht", und nicht

---

[1] W. *Pfeifer* u. a. (Hrsg.), Etymologisches Wörterbuch des Deutschen H-P, 1989, S. 870. – Für intensive Mitarbeit bei der Materialsichtung danke ich Herrn *Dirk Waschull*.
[2] Etymologisches Wörterbuch (Fn. 1), S. 870.

immer sind Koalitionen Allheilmittel für die Bewältigung politischer Probleme.

Die heute rechtlich und politisch relevante Bedeutung des Wortes Koalition als politisches Bündnis ist zum ersten Mal im England des 18. Jahrhunderts nachweisbar ("coalition"). Dieser Anglizismus ist deshalb bemerkenswert, weil nach einem häufig zitierten Ausspruch von *Disraeli* "England does not love coalitions"[3], und weil nach dem Urteil eines zeitgenössischen britischen Autors der Unterschied zwischen Großbritannien und dem Kontinent in bezug auf Koalitionen dahin charakterisiert wird: "In Anglo-Saxon countries, coalition government is regarded as an aberration. On the Continent of Europe, it is the norm"[4].

II. Bedeutung des Themas

Die kontinentaleuropäische Norm (im Sinne von Üblichkeit von Koalitionsregierungen) macht die Bedeutung des Themas aus. In der Zeit der Weimarer Republik waren bis zum Beginn der Präsidialkabinette *von Papen* und *von Schleicher* alle Reichsregierungen von Koalitionen getragen[5]. Die Weimarer Republik begann mit der sog. Weimarer Koalition, d. h. den Parteien, die der Weimarer Reichsverfassung zugestimmt hatten (SPD, Zentrum, Deutsche Demokratische Partei) und endete mit einer Koalition der bürgerlichen Mitte (Zentrum, Deutsche Volkspartei, Deutsche Demokratische Partei, Bayerische Volkspartei). Zwischen dem 13. Februar 1919 – dem Beginn der Amtszeit der ersten Reichsregierung unter *Scheidemann* – und dem 30. Mai 1932 – dem Ende der Regierung *Brüning* – lagen acht Koalitionen der bürgerlichen Mitte, fünf Weimarer Koalitionen, drei Große Koalitionen (SPD, Zentrum, Deutsche Volkspartei, Deutsche Demokratische Partei) und zwei Mitte-Rechts-Koalitionen (Zentrum, Deutsch-Nationale Volkspartei, Deutsche Volkspartei, Bayerische Volkspartei). Die Weimarer Republik war eine Koalitionsrepublik.

Bonn ist nicht Weimar und wird auch nicht Weimar werden. Aber auch die Bundesrepublik ist von Anfang an eine Koalitionsrepublik gewesen und ist dies heute noch. Alle Bundesregierungen – bisher 18 – waren Koalitionsregierungen[6]. In zwei Fällen – in der 2. Legislaturperiode

---

[3] *Benjamin Disraeli* (1804–1881), engl. Ministerpräsident 1868 und 1874–1880, in einer Rede im House of Commons in London am 16. Dezember 1851.

[4] *V. Bogdanor*, in: Coalition Government in Western Europe (ed. by V. Bogdanor), 1983, S. 1.

[5] Vgl. die Übersicht bei *E. R. Huber*, Deutsche Verfassungsgeschichte seit 1789, Bd. 6, 1981, S. 328 f., und im Anhang zu diesem Text S. 33.

[6] Vgl. S. 34. Außer Betracht geblieben sind die Alleinregierungen, die nur wenige Monate im Amte waren (CDU-CSU Sept. 1960–Nov. 1961; Okt.–Dez. 1966; SPD Sept.–Okt. 1982).

(1953–1957) und in der 3. Legislaturperiode (1957–1961) – wurde eine Koalitionsregierung sogar gebildet, obwohl die CDU/CSU die absolute Mehrheit der Bundestagsmandate errungen hatte, die Bildung einer Koalition also nicht zwingend war. Diese politische Großzügigkeit des damaligen Bundeskanzlers *Konrad Adenauer* entpuppte sich später als ein geschickter Schachzug; denn der Koalitionspartner Deutsche Partei erstickte in der Koalitionsumarmung und verschwand bald darauf von der politischen Bildfläche. Die Geborgenheit in einer Koalition kann der Kuß eines politischen Todesengels sein.

Im Verhältnis zu anderen europäischen Ländern, in denen Koalitionsregierungen mit mehr als einem halben Dutzend Partnern nicht selten sind – die Bundesregierung ist von Staaten mit Koalitionsregierungen (Belgien, Dänemark, Frankreich, Italien, Luxemburg, Österreich, Polen, Tschechische und Slowakische Föderative Republik[7]) umgeben – war die Zahl der Koalitionspartner in den Bundeskoalitionsregierungen bisher beschränkt. Abgesehen von der Frühzeit der Bundesrepublik, in der es einmal eine Koalition mit vier Partnern gab (1953–1957: CDU-CSU/FDP/DP/BHE) und einmal eine Koalition mit drei Partnern (1949–1953: CDU-CSU/ FDP/DP) bestanden alle Koalitionen auf Bundesebene nur aus jeweils zwei Partnern[8]: am häufigsten CDU-CSU/FDP, viermal SPD/FDP[9] und einmal CDU-CSU/SPD (die sog. Große Koalition). Auf Bundesebene leben die Koalitionsparteien insoweit bisher in Bigamie, nicht in Polygamie.

Betrachtet man die Bundesrepublik nicht in der Bundesebene, sondern in den Ländern, so zeigt sich ein bunteres Bild. Der auffallendste Unterschied besteht zunächst darin, daß in den Ländern – anders als im Bund – nicht selten eine einzige Partei die Regierung stellte oder stellt. Beispiele hierfür sind insbesondere – genannt werden im folgenden nicht alle,

---

[7] Die Schweiz ist hier deshalb nicht mit aufgeführt, weil das dortige System der Kollegialregierung („Konkordanzdemokratie") mit unseren Koalitionsregierungen nicht vergleichbar ist.

[8] Die CDU-CSU ist hier jeweils als ein Partner aufgeführt, obwohl die CSU juristisch gesehen eine eigenständige Partei ist. Die Zusammenzählung zu einem Partner erfolgt hier, weil die Abgeordneten von CDU und CSU im Bundestag eine Fraktion bilden, was gem. § 10 Abs. 1 Satz 1 der Geschäftsordnung des Bundestages zulässig ist.

[9] Die häufige Beteiligung der F.D.P. an den Bonner Regierungskoalitionen wird kritisch als „Immer-Dabei-Sein-Wollen" kritisiert. Vgl. aber auch *E. Puntsch*, Politik und Menschenwürde. Der liberale Weg, 1986, S. 113: „Die Werte Verantwortung, Toleranz, Pluralismus und die Grundsätze des Stils geben den Liberalen eine besondere Anpassungsfähigkeit. Der Kompromiß ist für sie nicht eine halbe Niederlage, sondern ein halber Sieg. Die liberale Partei ist prädestiniert zum Koalitionspartner".

sondern nur besonders lange regierende Alleinregierungen – Bayern (Alleinregierung der CSU seit 1962), Baden-Württemberg (Alleinregierung der CDU 1972–Juni 1992), Bremen (Alleinregierung der SPD 1971–1991), Hessen (Alleinregierung der SPD 1951–1970), Nordrhein-Westfalen (Alleinregierung der SPD seit 1980), Rheinland-Pfalz (Alleinregierung der CDU 1969–1986) und Schleswig-Holstein (Alleinregierung der CDU 1971–1987). Dennoch ist die Koalitionsregierung auch in den Ländern der häufigere Fall: Von den bisher rd. 190 Landesregierungen waren rd. 60 % Koalitionsregierungen. Am häufigsten koaliert wurde in Niedersachsen (15 mal) und in Berlin (13 mal), am wenigsten – von den neuen Bundesländern abgesehen – in Schleswig-Holstein (6 mal) und in Bayern und Hamburg (je 7 mal).

Auch das politische Farbenspektrum war und ist in den Ländern bunter als im Bund. Im Jahre 1946 startete Bremen mit einem Senat aus SPD und KPD, Hamburg mit einem Senat aus SPD, FDP und KPD, Niedersachsen mit einer Landesregierung aus CDU, SPD, NLP und KPD und Nordrhein-Westfalen mit einer Landesregierung aus SPD, FDP, Zentrum und KPD, West-Berlin 1951 mit einem Senat aus SPD, CDU und F.D.P. Seit 1990 weht in Brandenburg eine Trikolore (SPD, FDP, Bündnis 90), seit 1991 auch in Bremen (SPD, FDP, Grüne) – in beiden Fällen nicht schlaff im Winde, sondern von Winden bewegt.

III. Rechtsprechung und Schrifttum

Die große historische und politische Bedeutung des Themas Koalitionsregierungen steht in einem auffallenden Mißverhältnis zum geringen Umfang der Erörterung in Rechtsprechung und juristischer Literatur. Aus der Rechtsprechung ist nur eine einzige Gerichtsentscheidung bekannt, die es allerdings in sich hat. In der amtlichen Sammlung der Entscheidungen des Bundesgerichtshofes in Zivilsachen im 29. Band findet sich unter der wenigsagenden Überschrift „Zur Abgrenzung der Zulässigkeit des Rechtsweges vor den Zivilgerichten" ein Urteil des III. Zivilsenats vom 19. Januar 1959 „in Sachen Dr. D. (Kl.) gegen Dr. A. (Bekl.)"[10]. Es ist keine Indiskretion, wenn die Kürzel aufgelöst werden – sie sind bekannt: Dr. D. war der damalige Bundesjustizminister Dr. *Thomas Dehler* (FDP), Dr. A. der damalige Bundeskanzler Dr. *Konrad Adenauer* (CDU). Der vom Bundesgerichtshof mit diesem Urteil entschiedene Fall war die sog. „Tonbandaffäre". Den Sachverhalt dieser Affäre schildert der Bundesgerichtshof so:

---

[10] Entscheidungen des Bundesgerichtshofs in Zivilsachen (BGHZ) Bd. 29, S. 187 ff.

„Im Dezember 1955 fanden im Bundeskanzleramt zwischen Vertretern der an der damaligen Regierungskoalition beteiligten Parteien – darunter der Kläger und der Beklagte – Verhandlungen über die Politik der Bundesregierung statt. Die Gespräche wurden entsprechend einer Vereinbarung aller Beteiligten sowohl von Parlamentsstenographen mitgeschrieben als auch auf Tonband aufgenommen. Nach der ausdrücklichen Zusicherung des Beklagten sollte jeder Gesprächsteilnehmer eine wörtliche Niederschrift erhalten. Der Beklagte verweigerte dem Kläger jedoch später Niederschrift und Bandaufnahme. Er bot ihm lediglich eine Abschrift an, die seine eigenen außenpolitischen Darlegungen nicht enthalten sollte, weil sie aus außenpolitischen Rücksichten nicht bekannt werden sollten. Der Kläger wies dieses Angebot des Beklagten zurück"[11].

Mit seiner Klage verlangte Dr. *Dehler* von Dr. *Adenauer* die Herausgabe einer vollständigen Abschrift der Niederschrift über die Koalitionsgespräche sowie eines Tonbandes, auf das von dem Originaltonband die Koalitionsgespräche überspielt worden waren. Über die damalige Kühle des menschlichen Verhältnisses zwischen den beiden Herren kann man nur Mutmaßungen anstellen. Über die juristische Seite des Falles wissen wir, daß Dr. *Dehler* mit seiner bei einem Zivilgericht – dem Landgericht Bonn – erhobenen Klage das falsche Gericht angerufen hatte; denn wie der Bundesgerichtshof zutreffend entschieden hat, handelte es sich bei dem Koalitionsgespräch nicht um eine private Zusammenkunft von Privatpersonen mit zivilrechtlichen Folgen, sondern um einen verfassungsrechtlichen Vorgang: „Die Mitwirkung der politischen Parteien (ihrer Fraktionen, Vorstände, Sprecher, Unterhändler usw.) im – aktuell-konkreten – Prozeß der Regierungsbildung, der Bestimmung der Regierungspolitik, einschließlich ihrer Mitwirkung bei allen konkreten Maßnahmen (Schritten und Entscheidungen), die der Aufrechterhaltung einer Koalition, der Änderung der Regierungspolitik oder dem Sturz der Regierung dienen, gehören dem Verfassungsleben an, und soweit es rechtlich geordnet ist, ist diese Ordnung verfassungsrechtliche Ordnung"[12].

Unverständlicherweise ist der Bundesgerichtshof in seinen folgenden Erörterungen aus dem Himmel des Verfassungsrechts auf die Erde des Verwaltungsrechts abgestürzt: In den Vereinbarungen betreffend die Aufnahme des Gesprächs durch Stenographen und Tonbandgerät sieht der Bundesgerichtshof nur „besondere Vereinbarungen technischen Inhalts", denen „jeder verfassungsrechtliche Gehalt" abgehe; jene Vereinbarungen seien deshalb „verwaltungsrechtlicher Natur"[13]. Der Bundes-

---

[11] BGHZ Bd. 29, S. 187.
[12] BGHZ Bd. 29, S. 187 [190].
[13] BGHZ Bd. 29, S. 187 [192].

gerichtshof hat dabei ganz offensichtlich den untrennbaren Zusammenhang zwischen der Dokumentation der Koalitionsgespräche und deren Inhalt verkannt[14]. So war die Tonbandaffäre ein bisher einmaliger und in der Tat ungewöhnlicher Vorgang – nicht nur vom Sachverhalt her, sondern auch von dessen Abwicklung: Ein Bundesjustizminister beschreitet den falschen Rechtsweg, der Bundesgerichtshof kommt zu einer falschen Entscheidung[15].

Im rechtswissenschaftlichen Schrifttum unter dem Grundgesetz ist das Thema Koalitionsregierungen nicht so singulär behandelt – anders übrigens als in der Zeit der Weimarer Reichsverfassung. Obwohl – wie erwähnt – alle Reichskabinette in der Zeit der Weimarer Republik vor den Präsidialkabinetten auf Koalitionen gründeten, findet sich das Stichwort Koalitionsregierung oder Koalitionsvereinbarung weder im Sachverzeichnis des maßgeblichen Kommentars von *Gerhard Anschütz* zur Weimarer Reichsverfassung[16] noch im Sachverzeichnis des großen Handbuchs des Deutschen Staatsrechts von *Gerhard Anschütz* und *Richard Thoma*[17]. Einzig *Hans Liermann* hat sich 1926 mit dem Thema eingehend befaßt[18]. Unter dem Titel „Über die rechtliche Natur der Vereinbarungen politischer Parteien untereinander" beginnt *Liermann* seine Untersuchung bemerkenswerterweise mit der Frage, ob Vereinbarungen politischer Parteien „überhaupt der Sphäre des Rechts angehören oder ob sie nicht vielmehr politische Tatsächlichkeiten extra legem, wenn nicht gar contra legem sind"[19]. Aus dem Wort „Partei" folgert *Liermann* aber, daß die Partei „nur existieren kann in Verbindung mit einer anderen Partei ... Die Partei ist also ihrem Wesen nach notwendig auf Beziehungen irgendwelcher Art zu einer anderen Partei angewiesen"[20]. Eine Bestandsaufnahme des damals geltenden Rechts führt *Liermann* dazu, daß nur wenige

---

[14] Dies ist deshalb um so erstaunlicher, weil der BGH die unwidersprochene Behauptung des Klägers in bezug auf die Herausgabe der Niederschrift zitiert, er (der Kläger) „habe sie (die Herausgabe) für sich und seine Freunde zur Voraussetzung der Einleitung von Koalitionsgesprächen gemacht". (a. a. O., S. 192).

[15] Zur Kritik der Entscheidung des BGH im einzelnen vgl. die ausführliche Urteilsanmerkung von *C. H. Ule*, JZ 1959, S. 501 ff.

[16] *G. Anschütz*, Die Verfassung des Deutschen Reiches, 14. Aufl., 1933.

[17] *G. Anschütz / R. Thoma* (Hrsg.), Handbuch des Deutschen Staatsrechts, 2 Bde., 1930, 1932.

[18] *H. Liermann*, Über die rechtliche Natur der Vereinbarungen politischer Parteien untereinander, AöR n. F. Bd. 11 (1926), S. 401 ff.

[19] A. a. O. (Fn. 18), S. 403.

[20] A. a. O. (Fn. 18), S. 404. – Dies folgt in der Tat schon aus dem Begriff der Partei als eines Teiles (pars). In der NS-Zeit wurde deshalb – nachdem alle Parteien außer der NSDAP verboten waren (§ 1 des Gesetzes gegen die Neubildung von Parteien vom 14. Juli 1933, Reichsgesetzblatt 1933 I, S. 479) – die Partei als „Bewegung" erklärt.

gesetzliche Regelungen über Vereinbarungen der Parteien untereinander vorhanden seien (als Beispiel nennt *Liermann* § 12 des Reichswahlgesetzes vom 30. November 1918 über die Verbindung mehrerer Wahlvorschläge)[21]. Das Schweigen des Gesetzes in der Mehrzahl der Fälle bringt *Liermann* auf eine verblüffende Fährte: „Dort, wo das positive Staatsrecht das Zusammenwirken der Parteien weder billigt noch mißbilligt, sich vielmehr jeder Regelung enthält, weil es ihnen die Freiheit ihres Wirkens nicht nehmen will, treten wir in eine dem Völkerrecht ähnliche Rechtssphäre ein"[22]. Vieles im zwischenparteilichen Recht sei „wie im Völkerrecht Konventionalregel, ein Ausfluß der parlamentarischen Sitte, wie dort der diplomatischen Sitte"[23]. Am Ende seiner Abhandlung kommt der Jurist *Liermann* aber zu mehr als nur Sitte: „Die allseits anerkannte Forderung, daß der Kampf der Parteien ‚fair' sein soll, ist nichts anderes als die Anwendung des obersten Grundsatzes für jede genossenschaftliche Rechtsordnung, der damit auch für die Parteivereinbarung Geltung beansprucht: Pacta sunt servanda"[24].

Anders als in der Zeit der Weimarer Republik sind Koalitionsvereinbarungen in der Bundesrepublik häufiger Gegenstand rechtswissenschaftlicher Untersuchungen gewesen, auch wenn *Adolf Schüle* in seiner Monographie „Koalitionsvereinbarungen im Lichte des Verfassungsrechts. Eine Studie zur deutschen Lehre und Praxis" (1964) von Koalitionsabkommen als einer Erscheinung des politischen Lebens sprach, „die von der Staatsrechtswissenschaft zwar nicht übersehen, aber doch wohl vernachlässigt worden ist"[25]. Immerhin hatten *Konrad Hesse* und *Gustav E. Kafka* in ihren Referaten über „Die verfassungsrechtliche Stellung der Parteien im modernen Staat" auf der Tagung der Vereinigung der deutschen Staatsrechtslehrer in Wien 1958 das Thema schon angesprochen[26], hatte *Christoph Sasse* schon über „Koalitionsvereinbarungen und Grundgesetz" (1961)[27] und *Karl Heinrich Friauf* über „Zur Problematik des verfassungsrechtlichen Vertrages" (1963)[28] geschrieben. Mitte der sechziger Jahre erschienen die Abhandlungen von *Peter Häberle* „Die Koalitionsverein-

---

[21] A. a. O. (Fn. 18), S. 407.

[22] A. a. O. (Fn. 18), S. 409.

[23] A. a. O. (Fn. 18), S. 410.

[24] A. a. O. (Fn. 18), S. 412.

[25] *A. Schüle,* Koalitionsvereinbarungen im Lichte des Verfassungsrechts. Eine Studie zur deutschen Lehre und Praxis, 1964, S. 1.

[26] *K. Hesse / G. E. Kafka,* Die verfassungsrechtliche Stellung der Parteien im modernen Staat, VVDStRL H. 17 (1959), S. 11 ff., S. 53 ff.

[27] *Chr. Sasse,* Koalitionsvereinbarungen und Grundgesetz, JZ 1961, 719 ff.

[28] *K. H. Friauf,* Zur Problematik des verfassungsrechtlichen Vertrages, AöR n. F. Bd. 88 (1963), S. 257 ff.

barung im Lichte des Verfassungsrechts[29]" und von *Wilhelm Kewenig*
„Zur Problematik von Koalitionsvereinbarungen"[30], schließlich 1966
Harald Webers Monographie „Der Koalitionsvertrag"[31]. Dieser auffal-
lende Quell in den sechziger Jahren ist zwar danach nicht völlig versiegt:
In der neueren Kommentar-, Lehrbuch- und Handbuchliteratur wird das
Thema Koalitionsregierung und Koalitionsvereinbarung nicht ausge-
spart[32]. Aber es fehlt die große, umfassende – auch interdisziplinär
angelegte und geschichtswissenschaftliche, politikwissenschaftliche,
sozialwissenschaftliche, vielleicht auch psychologische Erkenntnisse ein-
arbeitende – Untersuchung.

Gewiß ohne wissenschaftlichen Anspruch, aber ganz außerordentlich
beachtlich sind zwei Beiträge jüngeren Datums. Unter der Überschrift
„Sind wir auf dem Weg zu einem Parteienstaat? ,Koalitionsrunden' mit
ihren Verabredungen als Symptom" geht *Waldemar Schreckenberger* (von
1982–1989 Staatssekretär im Bundeskanzleramt, vorher Chef der Staats-
kanzlei in Rheinland-Pfalz und später dortiger Justizminister, heute Professor an der Hochschule für Verwaltungswissenschaften in Speyer), mit
den Koalitionsgesprächen in Bonn ungewöhnlich hart ins Gericht[33].
Kernpunkte dieser Kritik sind unter anderem: Es entsteht der Eindruck,
„als sei die Regierung ein bloßes Durchführungsorgan oder das geschäfts-
führende Management der sie stützenden Parteien. Die Regierungserklä-
rungen nach Bildung einer Regierung haben dann im wesentlichen die
Aufgabe, die Koalitionsvereinbarungen wirksam zu moderieren. Für die
Koalitionsparteien mag dies als Gewinn erscheinen. Für eine nur dem
Parlament verantwortliche Regierung ist dies nicht der Fall". Und: Die
Entscheidungen der Koalitionsrunde „binden weitgehend auch die jeweiligen Parteivorstände. Die weiteren Gliederungen der Parteien werden

---

[29] *P. Häberle,* Die Koalitionsvereinbarung im Lichte des Verfassungsrechts,
ZfPolitik 12 (1965), S. 293 ff.
[30] *W. Kewenig,* Zur Problematik von Koalitionsvereinbarungen, AöR 90
(1965), S. 182 ff.
[31] *H. Weber,* Der Koalitionsvertrag, o. J. (1966).
[32] Vgl. z. B. *Chr. Degenhart,* Staatsrecht I, 8. Aufl., 1992, Rdn. 428;
W. Henke, BK, 1991, Art. 21 Rdn. 148 ff.; *K. Hesse,* Grundzüge des Verfassungs-
rechts, 18. Aufl., 1991, Rdn. 178, 638; *A. Katz,* Staatsrecht, 11. Aufl., 1992,
Rdn. 407; *U. K. Preuß,* AK, Bd. 1, 2. Aufl., 1989, Art. 21 Rdn. 60; *W.-R. Schenke,*
BK, 1984, Art. 63 Rdn. 20 ff.; *H.-P. Schneider,* AK, Bd. 2, 2. Aufl., 1989, Art. 63
Rdn. 3; *M. Schröder,* Bildung, Bestand und parlamentarische Verantwortung der
Bundesregierung, in: *J. Isensee / P. Kirchhof* (Hrsg.), HdbStR, Bd. 2, 1987, § 51
Rdn. 1 ff.; *K. Stern,* Das Staatsrecht der Bundesrepublik Deutschland, Bd. 1,
2. Aufl., 1984, § 13 IV 3, § 22 III γ.
[33] *W. Schreckenberger,* Sind wir auf dem Weg zu einem Parteienstaat? „Koa-
litionsrunden" mit ihren Verabredungen als Symptom, Frankfurter Allgemeine
Zeitung Nr. 104 vom 5. Mai 1992, S. 12–13.

nur in Ausnahmefällen einbezogen". Und: „Die Koalitionsverfahren sind
wenig durchsichtig und überlagern die von der Verfassung eingerichteten
Verfahren". Und: „Wesentliche Regelungen eines Gesetzentzwurfs, die
bereits die Billigung der Koalitionsrunde gefunden haben, lassen sich im
Parlament nur schwer verändern". Schließlich: „Die Parteien gewinnen
zwar eine stärkere Mitsprache; der unmittelbare Einfluß bleibt aber
überwiegend auf die Spitzenpolitiker der Parteien beschränkt. Problematisch ist vor allem die institutionelle Verfestigung der Gespräche, die
staatliche Entscheidungsverfahren überlagern. Der jetzige Zustand, in
dem bedenkenlos nach der Koalitionsrunde als oberstem Entscheidungs-
organ gerufen wird und Regierungsvertreter nicht als Repräsentanten von
Staatsorganen, sondern von Koalitionsgremien auftreten, ist schwer er-
träglich".

Kritisch gestellt ist endlich auch die Frage, die Bundespräsident *Richard
von Weizsäcker* in seinem ZEIT-Interview betreffend den Machtanspruch
der Parteien gestellt hat[34] (seine Beschreibung des Zustandes der politischen Parteien ist bekanntlich bei Politikern auf Widerspruch gestoßen[35] –
zu Unrecht. Die Kritik an den Parteien könnte noch schärfer sein.
Zwecklos ist es allerdings, in der Kritik zu verharren. Die Parteien müssen
und können verändert werden). „Den Gedanken, daß die Parteien darauf
vertrauen, das Parlament kontrolliere die Exekutive, finde ich mitunter
geradezu herzbewegend. Die Wahrheit ist doch weit eher, daß es die
Parteiführungen sind, die den Gang der Dinge in der Gesetzgebung und
Regierung steuern. Und da bei uns zu allermeist eine Parlamentsmehrheit
nur durch Koalitionen zustandekommt, gesellt sich als oft wichtiges
Entscheidungszentrum die Koalitionsrunde dazu. Maßgebliche Weichen
werden dort gestellt. Was hat das noch mit der überlieferten Gewaltenteilung zu tun oder auch nur mit dem Text unserer Verfassung"[36]?

---

[34] Das Interview ist abgedruckt unter der Überschrift: Die liberale Demokra-
tie braucht die Parteien. Aber der Machtanspruch der Parteien gefährdet die
Demokratie. Bundespräsident Richard von Weizsäcker im Gespräch mit Gunter
Hofmann und Werner A. Perger, DIE ZEIT Nr. 26 vom 19. Juni 1992, S. 3–4. Das
Interview ist als Buch erschienen unter dem Titel: Richard von Weizsäcker im
Gespräch mit Gunter Hofmann und Werner A. Perger, 1992. – Kritische Bemer-
kungen zur „Überspielung der Gewaltenteilung durch den Parteienstaat" auch bei
R. Herzog, MD, Art. 20 Rdn. 29.
[35] Vgl. dazu *G. Hofmann / W. A. Perger*, Die Kontroverse – Weizsäckers
Parteienkritik in der Diskussion, 1992.
[36] DIE ZEIT (Fn. 34), S. 4.

IV. Verfassungen und Parteiengesetz

Der Text des Grundgesetzes wie auch die Texte der Landesverfassungen gewährleisten ausdrücklich die Freiheit zur Wahrung und Förderung von Arbeits- und Wirtschaftsbedingungen, Vereinigungen zu bilden – die Koalitionen im Sinne des Arbeitsrechts –, erwähnen aber Koalitionen im Sinne des Parteienrechts nicht. Ein im politischen Leben des Bundes und der Länder maßgeblicher Faktor ist also im Bild der Verfassungen – auch der neuen Verfassungen der neuen Bundesländer – nicht existent. Auch das Parteiengesetz nimmt den Begriff Koalitionen nicht in den Mund. Immerhin findet sich in dem – nicht abschließenden – Aufgabenkatalog des § 1 Abs. 2 ParteienG der Hinweis darauf, daß die Parteien unter anderem „auf die politische Entwicklung in Parlament und Regierung Einfluß nehmen" und „die von ihnen erarbeiteten politischen Ziele in den Prozeß der staatlichen Willensbildung einführen". Die Zurückhaltung der Verfassungstexte wie auch des Parteiengesetzes besagt jedoch nichts gegen die rechtliche Zulässigkeit von Koalitionen. Diese Zulässigkeit steht vielmehr außer Zweifel. Die Frage, die sich für *Liermann* noch 1926 stellte, ist heute keine Frage mehr. Das im Grundgesetz festgelegte parlamentarische Regierungssystem geht von der Notwendigkeit der Regierbarkeit der Bundesrepublik aus. Das zwar nicht von Bundesverfassungs wegen, sondern nur durch einfaches Bundesgesetz (das Bundeswahlgesetz) für die Wahlen zum Bundestag festgelegte Verhältniswahlrecht[37] – inzwischen (man muß dies allerdings sehr vorsichtig-zurückhaltend sagen) möglicherweise schon zu Verfassungsgewohnheitsrecht erstarkt – bringt Wahlergebnisse, die nicht zu einer absoluten Mehrheit einer Partei führen müssen und in der Regel auf Bundesebene auch nicht führen. Will man eine Minderheitsregierung verhindern – die Problematik der Minderheitsregierung im deutschen Staatsrecht hat *Klaus Finkelnburg* in seinem Vortrag vor der Juristischen Gesellschaft zu Berlin schon 1982 dargestellt[38] – so sind Koalitionen unausweichlich. Die Parteienfreiheit des Art. 21 Abs. 1 Satz 1 GG sichert die Möglichkeit von Koalitionen zwischen Parteien verfassungskräftig ab. Die verfassungsrechtliche Frage, die sich heute stellt, ist also – wie so häufig im Recht – nicht die nach dem „Ob" (in diesem Fall von Koalitionen), sondern nach dem „Wie". Konkret geht

---

[37] Zum Verhältnis von Wahlrecht und Parteiensystem – zugleich ein Beitrag zur deutschen Parteiengeschichte – *H. Fenske*, Wahlrecht und Parteiensysteme, 1972 (dort auch Ausführungen zu den ersten Koalitionen in der Weimarer Republik mit Beteiligung der NSDAP in Thüringen und Braunschweig, S. 304 ff.). – Vgl. auch *H. Meyer*, Wahlsystem und Verfassungsordnung. Bedeutung und Grenzen wahlsystematischer Gestaltung nach dem Grundgesetz, 1973.
[38] *K. Finkelnburg*, Die Minderheitsregierung im deutschen Staatsrecht, 1982.

es mithin darum, den verfassungsrechtlich zulässigen und den verfassungsrechtlich unzulässigen Inhalt von Koalitionsabkommen festzustellen[39].

V. Partner und Vorgeschichte

Koalitionsvereinbarungen (andere Ausdrücke: Koalitionsabkommen, Koalitionsverträge, in Österreich: Koalitionspakte) sind Verträge mehrerer – mindestens (aber nicht notwendig nur) zweier – Parteien, in denen die zukünftige politische Arbeit der von den Koalitionspartnern getragenen Regierung festgelegt wird[40]. Vertragspartner sind also zwei politische Parteien – bei einer Koalition auf Bundesebene die betreffenden Bundesparteien, bei einer Koalition in einem Land die Landesverbände der betreffenden Partei. Vertragspartner sind also weder die Regierung noch Fraktionen, auch wenn der Inhalt des Koalitionsabkommens auf deren Arbeit einwirken soll. Die zuweilen vertretene, unrichtige Auffassung, daß auch die Regierung und/oder die Fraktionen Vertragspartner eines Koalitionsabkommens seien[41], rührt vermutlich daher, daß sehr häufig Personengleichheit besteht. So ist die Koalitionsvereinbarung zwischen CDU, CSU und F.D.P. für die 12. Legislaturperiode des Deutschen Bundestages – was amtierende Regierungsmitglieder betrifft – von Bundeskanzler Dr. *Helmut Kohl* und Bundesminister Dr. *Theo Waigel* unterschrieben worden, jedoch eindeutig in ihrer Eigenschaft nicht als Regierungsmitglieder, sondern als Vorsitzende ihrer Parteien[42]. Diese Situation ist möglich, weil nur wenige Parteisatzungen die Unvereinbarkeit von Mitgliedschaft in einer Regierung und der Funktion eines Parteivorsitzen-

---

[39] Zutreffend *P. Häberle* (Fn. 29), S. 296 ff.: „Zugespitzt formuliert: Verfassungsrechtlich und damit auch rechtlich relevant wird die Koalitionsvereinbarung nur und insofern sie Grenzen der Verfassung überschreitet. Die Frage der rechtlichen Relevanz der Koalitionsvereinbarung ist allein die nach ihren verfassungsrechtlichen Grenzen".

[40] Vgl. auch *W. Henke* (Fn. 32), Rdn. 150; *Chr. Sasse* (Fn. 27), S. 722; *H. Weber* (Fn. 31), S. 17. – Eine Begriffsbestimmung mit einem ausführlichen Kriterienkatalog aus politologischer Sicht gibt *W. F. Dexheimer*, Koalitionsverhandlungen in Bonn 1961, 1965, 1969, Diss. Konstanz 1973, S. 21 f.

[41] Fraktionen als Vertragspartner nimmt z. B. *A. Schüle* (Fn. 25) an (S. 2; anders allerdings *ders.*, S. 33). Eine mögliche Beteiligung einer Regierung an einer Koalitionsvereinbarung hält *U. K. Preuß* (Fn. 32), Rdn. 60, für denkbar.

[42] Das Deckblatt der Bonner Koalitionsvereinbarung vom 16. Januar 1991 führt auf: „Bundeskanzler Dr. Helmut Kohl, Vorsitzender der Christlich Demokratischen Union Deutschlands, Bundesminister Dr. Theo Waigel, Vorsitzender der Christlich Sozialen Union, Bundesminister a. D. Dr. Otto Graf Lambsdorff, Vorsitzender der Freien Demokratischen Partei". Die Zusätze „Vorsitzender" usw. sind unzweifelhaft zu lesen als „in ihrer Eigenschaft als Vorsitzender …"

den statuieren[43]. Die Beteiligung einer oder mehrerer Fraktionen an einer Koalitionsvereinbarung wäre nur dann gegeben, wenn die Fraktionen ausdrücklich als Partner der Vereinbarung genannt werden. Eine bloße Unterschrift – eine Art „Gegenzeichnung" – reicht dafür nicht aus[44].

Koalitionen fallen selten vom Himmel: sie haben meist eine Vorgeschichte. Angesprochen ist damit das Thema Koalitionsaussage vor der Wahl, ein oft für Parteien leidiges Thema. Koalitionsaussagen finden sich in der Regel nicht in Parteiprogrammen, wohl aber nicht selten in Wahlprogrammen. Die Koalitionsaussage im Wahlprogramm kann absolut oder konditioniert formuliert sein. Enthält das Wahlprogramm keine Koalitionsaussage, so kauft der Wähler – wenn die von ihm gewählte Partei künftig die Regierung stellt – zwei Katzen, davon eine im Sack. *Theodor Eschenburg* hat in seinem Buch „Staat und Gesellschaft in Deutschland" dazu kritisch angemerkt, der Wähler „wird gleichsam zu einer Fahrt ins Blaue aufgefordert"[45]. Es kann aber auch vorkommen, daß auch ohne Koalitionsaussage vor der Wahl nach der Wahl alles klar ist. Es kann aber auch passieren, daß mehrere potentielle Koalitionspartner durchverhandelt werden, bevor sie zugunsten des späteren Koalitionspartners abserviert werden.

Die größeren Probleme mit Koalitionsaussagen haben die kleineren Parteien. Es ist gängige, wenn auch politisch-rational nicht verständliche Sitte, daß im Wahlkampf von den kleineren Parteien wie selbstverständlich eine Koalitionsaussage abgefordert wird, von den großen Parteien ebenso selbstverständlich nicht. Politisch trifft dies die kleineren Parteien auch deshalb so hart, weil gerade sie verständlicherweise ein besonderes Bedürfnis haben, zu zeigen, daß sie um ihrer selbst willen gewählt werden und nicht als Anhängsel einer der großen Parteien. Als in einem der

---

[43] Beispiel für eine solche atypische, die Trennung von Partei und Staat unterstreichende Regelung: § 17 Ziff. 3 der Satzung des Landesverbandes Hamburg der F.D.P. vom 5. 12. 1990: „Der Vorsitzende und die stellvertretenden Vorsitzenden dürfen nicht Mitglied des Senats oder Vorsitzende der F.D.P.-Bürgerschaftsfraktion sein".

[44] Die Koalitionsvereinbarung zwischen der CDU und der SPD in Berlin vom 23. Januar 1991 ist zwar mit unterschrieben von *Klaus Landowsky* für die CDU-Franktion des Abgeordnetenhauses von Berlin und von Dr. *Ditmar Staffelt* für die SPD-Fraktion des Abgeordnetenhauses von Berlin. Die Vertragspartner ergeben sich aber eindeutig aus der Präambel (letzter Satz): „In diesem Sinne vereinbaren die Christlich Demokratische Union Deutschlands (CDU), Landesverband Berlin, und die Sozialdemokratische Partei Deutschlands (SPD), Landesverband Berlin, für die Legislaturperiode 1991 bis 1995 die Bildung einer Koalition".

[45] *Th. Eschenburg*, Staat und Gesellschaft in Deutschland, 4. Aufl., 1960, S. 683.

hamburger Wahlkämpfe die F.D.P. ständig – vor allem in den Medien, aber auch von den politischen Konkurrenten – nach einer Koalitionsaussage bohrend gefragt wurde[46] (konkrete politische Inhalte waren viel weniger gefragt), die großen Parteien dagegen danach nicht gefragt wurden, habe ich dies schließlich so kommentiert: „Von der F.D.P. erwartet und verlangt man, daß sie die Hosen herunterläßt, während CDU und SPD vermummt herumlaufen dürfen".

Das Thema der Wahlklarheit ist kein spezielles hamburger Thema und kein Thema der Vergangenheit. Es läßt sich nicht ausschließen, daß die Frage an die beiden großen Parteien CDU und SPD: „Wie haltet Ihr's mit der Großen Koalition?" *das* Thema der nächsten Bundestagswahl werden wird[47]. Das Thema steht jedenfalls offensichtlich auf der politischen Tagesordnung[48] – da hilft kein Pfeifen im Walde.

VI. Koalitionsverhandlungen

Dem Abschluß einer Koalitionsvereinbarung können relativ kurze oder quälend lange Koalitionsverhandlungen vorausgehen[49]. In Zeitmaßen

---

[46] Die hamburgische F.D.P. war s. Zt. (für die Bürgerschaftswahl am 9. November 1986) ohne eine Koalitionsaussage zugunsten einer anderen Partei in den Wahlkampf gegangen, scheiterte aber mit 4,8 % der Stimmen an der 5-%-Klausel.

[47] Nach der überwiegend kritischen Beurteilung der Großen Koalition in Bonn (1966–1969) schien das Thema Große Koalition bis vor kurzem tabu zu sein. Seit der Bildung der Großen Koalition in Berlin im Januar 1991 und in Baden-Württemberg im Juni 1992 hat die Situation sich verändert. Inzwischen wird von einer „Sachkoalition" gesprochen (*Engholm*). Über eine gegenwärtig in vielen Politikbereichen in Bonn schon bestehende „heimliche" Große Koalition berichtet *G. Hofmann*, Große Koalition: Ausweg oder Ausflucht? Pro (über das Kontra: *Theo Sommer*), in: DIE ZEIT Nr. 22 vom 22. Mai 1992, S. 3.

[48] Große Erfahrung mit Großer Koalition hat Österreich. Über die Gründe für die Koalitionen von ÖVP und SPÖ vgl. *B.-Chr. Funk*, Einführung in das österreichische Verfassungs- und Verwaltungsrecht, 1985, S. 52 („Druck der Besetzung Österreichs durch die Alliierten, die Gefahr einer kommunistischen Machtergreifung und nicht zuletzt die politischen Erfahrungen aus dem Schicksal der 1. Republik"). Kritisch zur Praxis der Großen Koalition, bestehendes Verfassungsrecht dem übereinstimmenden Willen der Koalitionspartner zu opfern, *L. K. Adamovich / B. Chr. Funk*, Österreichisches Verfassungsrecht, 3. Aufl., 1985, S. 18. – Zum Thema neuestens: *A. Pelinka / S. Rosenberger*, Große Koalition in Österreich – Rückkehr zur Normalität?, Jb. f. Politik Bd. 1 (1992), S. 89 ff. – Vgl. auch zum Koalitionsmodell allg. aus österreichischer Sicht: *R. Marcic*, Die Koalitionsdemokratie, 1966.

[49] Lange Koalitionsverhandlungen sind kein typisch deutsches Phänomen. Vgl. z. B. für Italien *D. Polaczek*, Skandalzeit – Saison in Italien, Frankfurter Allgemeine Zeitung Nr. 58 vom 9. März 1992, S. 33: „Es folgt (nach dem Wahl-

gemessen relativ kurze Koalitionsverhandlungen können politisch gesehen zu lange dauern. Die Koalitionsverhandlungen zwischen CDU-CSU und F.D.P. nach der Bundestagswahl am 2. Dezember 1990 mit dem Abschluß der Koalitionsvereinbarung am 16. Januar 1991 sind hierfür ein Beispiel: sie waren zeitlich relativ kurz, wirkten aber politisch zu lang. Ein Beispiel für quälend lange Koalitionsverhandlungen bot Hamburg nach der Bürgerschaftswahl vom April 1987. Die SPD nahm nach ergebnislos verlaufenen Verhandlungen mit der CDU im Mai Koalitionsverhandlungen mit der F.D.P. auf; die Koalitionsvereinbarung zwischen SPD und F.D.P. wurde schließlich am 1. September 1987 unterzeichnet.

Die Initiative – das Gesprächsangebot – zu Koalitionsverhandlungen geht in der Regel von der nach dem Wahlausgang stärkeren Partei aus, wobei der Initiative innerparteiliche (innerfraktionelle) Vorbereitungen vorausgehen. Wird das Gesprächsangebot angenommen kommt es zur Einsetzung einer Verhandlungskommission. Über die personelle Zusammensetzung der Verhandlungskommission gibt es keine festen Regeln. Üblich ist jedenfalls die Teilnahme der Parteivorsitzenden und der Fraktionsvorsitzenden. Geht es um die Fortführung einer bestehenden Regierung, und ist der Regierungschef nicht zugleich Vorsitzender seiner Partei, so ist auch seine Teilnahme – in der Regel als Verhandlungsführer seiner Partei – üblich. Auch für die zahlenmäßige Größe der Verhandlungskommission gibt es keine feste Regel. Die Verhandlungskommission bei den Koalitionsverhandlungen in Hamburg zwischen SPD und F.D.P. hatte je 7, insgesamt also 14 Mitglieder.

Koalitionsverhandlungen zur Fortführung einer im Amte befindlichen Regierung haben für die an der Regierung schon beteiligten Parteien den Vorteil, daß sie auf die Infrastruktur des Regierungsapparates zurückgreifen können. So werden nicht selten hohe Beamte als Protokollführer bei den Koalitionsverhandlungen eingesetzt[50]. Die Koalitionsverhandlungen

---

kampf) noch der Regierungsbildungskoalitionskampf, der sehr viel länger dauern kann als der Wahlkampf oder jede astronomische Jahreszeit".

[50] Bei den Koalitionsverhandlungen in Hamburg 1987 führte für die SPD-Seite ein Staatsrat (im Bund und in Ländern vergleichbar dem Staatssekretär) der Senatskanzlei, *Hans-Joachim Kruse*, das Protokoll, für die F.D.P.-Seite der persönliche Assistent und Wahlkampfmanager des Spitzenkandidaten, Assessor *Christoph Walther*. Der Unterschied im „Rang" muß nicht ein Unterschied in der Qualität der Arbeit sein, zeigt aber die Ungleichheit, wenn eine Regierungspartei mit einer Nicht-Regierungspartei Koalitionsverhandlungen führt. – Als Protokollführer in der Koalitionsrunde „Kressbronner Kreis", unter Bundeskanzler *Kurt Georg Kiesinger* 1967 statt eines Koalitionsausschusses eingerichtet, fungierte der damalige Staatssekretär im Kanzleramt und spätere Bundespräsident *Karl Carstens* (Die Bundesregierung. Volkshandbuch 1992, Sonderdruck für das Presse- und Informationsamt der Bundesregierung, 1992, S. 27).

finden in Dienstgebäuden statt mit Inanspruchnahme der Ressourcen der Exekutive. Dies ist zwar verständlich, wenn die Regierung von einem oder beiden Verhandlungspartnern gestellt wird, aber nicht korrekt. Koalitionsverhandlungen finden zwischen Parteien statt, nicht zwischen Staatsorganen. Die häufigen Grauzonen zwischen Partei und Staat[51] sind ein finsteres Kapitel in der politischen Landschaft des Bundes und der Länder und wohl auch einer der Gründe für die Parteiverdrossenheit. Daß die Verfügungsmacht eines Verhandlungspartners über den staatlichen technischen Apparat ein politisches Herrschaftsinstrument sein kann, hat die Tonbandaffäre um *Adenauer/Dehler* gezeigt[52].

Streng rechtlich betrachtet existiert keine Friedenspflicht der Verhandlungspartner während der laufenden Koalitionsverhandlungen etwa nach Art der Friedenspflicht bei laufenden Tarifverhandlungen im kollektiven Arbeitsrecht. Streng rechtlich betrachtet gibt es auch keine rechtlichen Bindungen der Verhandlungspartner vor Abschluß des Koalitionsvertrages, so wie sie z.B. im Völkerrecht unter dem Stichwort „Völkerrechtliche Bindungen in den Vorstadien des Vertragsschlusses" diskutiert werden[53]. Politische, nicht rechtliche Bindungen können sich nur aus der politischen konkreten Situation ergeben. Setzt etwa einer der Verhandlungspartner mit Hilfe der Fraktion eines Nichtverhandlungspartners im Parlament eine Entscheidung durch, über die gerade verhandelt wird, provoziert er das Scheitern der Koalitionsverhandlungen. Deshalb wird dieser Fall in der politischen Praxis keine allzu große Bedeutung haben .

VII. Inhalt von Koalitionsverhandlungen

Was den Inhalt von Koalitionsverhandlungen angeht, so gibt es hierfür keine Vertrags-Formularhandbücher. Dennoch haben sich im Laufe der Zeit gewisse Schemata und Muster herausgebildet. Dazu gehört (auffallenderweise nicht in der Koalitionsvereinbarung im Bund von 1991) eine Präambel, gegen die sich meist nichts sagen läßt. Oder wollte jemand etwas sagen gegen die Aussage in der Präambel der Koalitionsvereinbarung zwischen SPD und F.D.P. in Rheinland-Pfalz vom 18. Mai 1991: „Das Land Rheinland-Pfalz bedarf einer verläßlichen neuen Politik auf

---

[51] So wurde z.B. die Arbeit des Kressbronner Kreises wie folgt charakterisiert: „Mit diesem Kreis, dem zwölf ständige Mitglieder angehörten, läßt sich darstellen, wie außerhalb des Kabinetts Koalitionspolitik betrieben wurde, in einem geradezu raffiniert verzahnten System von Regierungs- und Parteiapparaturen". (Die Bundesregierung [Fn. 50], S. 27).
[52] Vgl. dazu oben Abschn. III.
[53] Vgl. dazu *R. Bernhardt*, Völkerrechtliche Bindungen in den Vorstadien des Vertragsschlusses, ZaöRV 18 (1957/58), S. 652 ff.

der Höhe der Zeit und einer sachkundigen und standfesten neuen Regierung, um das Wohl seiner Bürgerinnen und Bürger im neuen Jahrzehnt zu sichern"? Gibt es Einwände gegen den in derselben Präambel enthaltenen Spruch: „Das Land und seine Einrichtungen sind für die Bürger da, nicht umgekehrt"? In der Koalitionsvereinbarung von CDU und SPD für Berlin vom 23. Januar 1991 findet sich in bezug auf Ost und West „die Bereitschaft, offen und verständnisvoll aufeinander zuzugehen". In Abwandlung eines Wortes von *Theodor Heuß* möchte man dazu sagen: „Nun geht mal schön aufeinander zu".

Nach der Präambel – in manchen Koalitionsvereinbarungen auch am Schluß – folgt meist ein Abschnitt „Allgemeine Regelungen", „Verfahrensregelungen" über Ziel und Dauer der Koalition (in bezug auf die Dauer wird meist die laufende Legislaturperiode genannt), über das Verhalten im Parlament und in seinen Ausschüssen – insbesondere das Verhindern von Abstimmungen mit wechselnden Mehrheiten und über die Zusammenstellung der Regierung (Ressortverteilung). Namen von zu wählenden Regierungsmitgliedern werden in den Koalitionsvereinbarungen regelmäßig nicht genannt. Die Koalitionsvereinbarung zwischen der SPD und den GRÜNEN in Hessen vom 8. März 1991, in der die Wahl von Ministerpräsident *Hans Eichel* und die Wahl des stellvertretenden Ministerpräsidenten *Joschka Fischer* ausdrücklich bestimmt werden, ist insofern atypisch.

Da die Koalitionsregierungen in den Ländern nicht immer die politische Zusammensetzung der Bundesregierung widerspiegeln – von den 16 Landesregierungen entsprechen derzeit nur drei, nämlich die Landesregierungen von Mecklenburg-Vorpommern, Sachsen-Anhalt und Thüringen – der koalitionsmäßigen Zusammensetzung des Bundes, muß in der Koalitionsvereinbarung die Frage des Abstimmungsverhaltens des Bundesrates geregelt werden.

Schließlich wird in dem allgemeinen Abschnitt zu Beginn oder am Ende der Koalitionsvereinbarung zumeist[54] – auffallenderweise auf Bundesebene nur selten – die Einrichtung eines Koalitionsausschusses geregelt. So heißt es beispielsweise in der Koalitionsvereinbarung zwischen SPD, Bündnis 90 und F.D.P. in Brandenburg vom 1. November 1990:

„Zur Regelung von Entscheidungen grundsätzlicher Art und von Streitigkeiten in der Koalition wird ein Koalitionsausschuß eingesetzt. Er ist

---

[54] Ein Gegenbeispiel für eine ausdrückliche Nicht-Einrichtung eines Koalitionsausschusses findet sich in der Vereinbarung der Koalition zwischen SPD und F.D.P. in Hamburg von 1974–1978; diese Koalitionsvereinbarung verzichtete auf einen Koalitionsausschuß mit der Begründung: „Konflikte sollen im Senat und in der Fraktion (gemeint war vermutlich: zwischen den Fraktionen) geregelt werden".

auf Verlangen eines Koalitionspartners, vertreten durch den jeweiligen Fraktionsvorsitzenden, vom Ministerpräsidenten in angemessener Frist vor der strittigen Entscheidung einzuberufen" (Abs. 4). „Der Koalitionsausschuß verfährt nach dem Konsensprinzip. Dem Ausschuß gehören an: Der Ministerpräsident, je ein Landesminister der anderen Koalitionspartner, die Fraktions- und Parteivorsitzenden, bzw. beauftragten Sprecher. Die Mitglieder des Koalitionsausschusses können sich im Verhinderungsfall vertreten lassen"[55].

Den größten Umfang in der Koalitionsvereinbarung nimmt das Sachprogramm ein. Allgemein läßt sich dazu feststellen, daß die Sachprogramme und damit auch die Koalitionsvereinbarungen immer umfangreicher werden. Die Koalitionsvereinbarung zwischen der SPD und den GRÜNEN in Hessen von 1991 umfaßt 101 – zum größten Teil zweispaltig – bedruckte Seiten (die Zählung hört merkwürdigerweise bei 99 auf). Die Koalitionsvereinbarung zwischen SPD, den GRÜNEN und der F.D.P. in Bremen vom 11. Dezember 1991 umfaßt 112 Schreibmaschinenseiten. Im Verhältnis dazu ist die Koalitionsvereinbarung zwischen CDU, CSU und F.D.P. zur Bildung der Bundesregierung mit 78 Seiten eher bescheiden ausgefallen. Der brandenburgische Koalitionsvertrag zwischen SPD, F.D.P. und Bündnis 90 ist mit 21 Seiten geradezu überschlank.

Im einzelnen gehen die Sachkataloge in den Koalitionsvereinbarungen quer durch den politischen Garten. Die Koalitionsvereinbarung zwischen SPD und GRÜNEN in Hessen, die den Sachkatalog alphabetisch ordnet und deshalb mit Abfall anfängt, enthält die folgenden Kataloge: „Abfall (– Hausmüll, – Sondermüll), Arbeit, Atompolitik, Bildung und Erziehung, Energie, Finanzen, Forstpolitik, Frauen, Frieden, Gentechnologie, Innenpolitik, Justiz, Kunst und Kultur, Landesplanung, Landwirtschaft, Medien, Naturschutz und Landschaftsschutz, Soziales, Tierschutz, Umwelt (– Grundsätze, – Boden, – Strahlenschutz, – Wasser), Verkehr, Wirtschaft, Wissenschaft und Forschung, Wohnen – Städtebau, Ressortfragen/Zuschnitte".

Das Sachprogramm ist naturgemäß der Teil der Koalitionsvereinbarung, der langfristig die größte politische Aufmerksamkeit beansprucht. Wenn am Ende der Legislaturperiode Wahlen anstehen, der Wähler also zu wägen hat, ist zu entscheiden, ob die Koalition gewogen und zu leicht befunden wird oder nicht.

---

[55] Abschn. 2 Abs. 4 und 5.

VIII. Verfassungsrechtliche Fragen

Von verfassungsrechtlichem Interesse sind insbesondere

1. die Bildung einer gemeinsamen Regierung,
2. die gemeinsame Regierungsarbeit,
3. das Abstimmungsverhalten im Bundesrat,
4. die Gemeinsamkeiten parlamentarischer Arbeit,
5. die Sacharbeit in den Ländern, soweit sie Sachgebiete betrifft, die in die Gesetzgebungszuständigkeit des Bundes fallen.

Zu 1 (Bildung einer gemeinsamen Regierung): Was die Bildung der Regierung betrifft[56], so ist klar, daß die hierfür im Grundgesetz und in den Landesverfassungen vorgesehenen Mechanismen außer Kraft gesetzt werden können. Koalitionsvereinbarung hin – Koalitionsvereinbarung her: Der Bundeskanzler wird auf Vorschlag des Bundespräsidenten vom Bundestag gewählt, die Bundesminister werden auf Vorschlag des Bundeskanzlers vom Bundespräsidenten ernannt. Das im Grundgesetz für die Bildung der Bundesregierung (und in den Landesverfassungen für die Bildung der Landesregierungen) geregelte Verfahren ist aber nicht für Zufallsmehrheiten gedacht, weil anderenfalls das parlamentarische Regierungssystem – ein Brückenpfeiler unserer Demokratie – gefährdet werden würde[57]. Deshalb ist eine Vereinbarung im Koalitionsvertrag, welche die von Verfassungs wegen vorgesehenen Entscheidungen nicht ersetzt, sondern nur vorbereitet, verfassungsrechtlich unbedenklich.

Eine ungeschriebene – aber politisch sinnvolle – Regel bei Koalitionsverhandlungen ist, daß jede Seite ihren „Kandidaten" bestimmt, das Präsentationsrecht für „ihre Leute" also bei den Koalitionspartnern liegt[58]. Dahinter steckt die politische Regel: Über Innereien des anderen Partners soll nicht geurteilt werden. Dieses Zurückhaltungsgebot kann allerdings auf Grenzen stoßen. So hat im Jahre 1986 die Sozialistische Partei Österreichs (SPÖ; umbenannt in Sozialdemokratische Partei Österreichs am 15. 6. 1991) im Jahre 1986 die Wahl von *Jörg Haider* zum

---

[56] Vgl. dazu *W.-R. Schenke*, Die Bildung der Bundesregierung, Jura 1982, S. 57 ff.; *H.-P. Schneider / W. Zeh*, Koalitionen, Kanzlerwahl und Kabinettsbildung, in: *H.-P. Schneider / W. Zeh*, Parlamentsrecht und Parlamentsrechtspraxis in der Bundesrepublik Deutschland, 1989, S. 1297 ff.; *M. Schröder*, Bildung, Bestand und parlamentarische Verantwortung der Bundesregierung, in: *J. Isensee / P. Kirchhof* (Fn. 32), § 51.

[57] Vgl. dazu auch den Hinweis von *H.-P. Schneider* (Fn. 32), Art. 67 Rdn. 10, „daß in einen bipolaren Mehrparteiensystem die Regierungsstabilität allein von der Koalitionsfestigkeit abhängt, nicht aber von der Frage, ob ein Bundeskanzler nur ‚konstruktiv' oder auch ‚destruktiv' abgewählt werden kann".

[58] Zutreffender Hinweis auf diese Praxis bei *J. Ipsen*, Staatsorganisationsrecht, 4. Aufl., 1992, Rdn. 358.

Landesobmann (in unserer Terminologie: zum Vorsitzenden) der Frei-
heitlichen Partei Österreichs (FPÖ), also ihres damaligen Koalitionspartners, als mit der Koalition unvereinbar angesehen und die Koalition mit
der FPÖ aufgekündigt[59], weil sie (die SPÖ) diese Grenze überschritten
sah. Jedenfalls ist bei der Präsentation von Kandidaten in Koalitionsregierungen auch Takt und professionelles Management gefragt. Beispielsweise
hat es die Hamburger F.D.P. als nicht sehr taktvoll empfunden, daß ihr
bei der Umbildung des Senates nach dem Rücktritt von Dr. *Klaus von
Dohnanyi* von der SPD-Seite ausgerechnet für das Schlüsselressort des
Innensenators ausgerechnet ein aus der F.D.P. ausgetretenes früheres
Mitglied (*Andreas von Schoeler*) präsentiert wurde[60]. Kein sehr professionelles Management war nach dem Rücktritt von Bundesaußenminister
Hans-Dietrich Genscher die Präsentation von *Irmgard Adam-Schwaetzer*
als seine Nachfolgerin und der anschließende Zurückpfiff dieser Entscheidung durch die Bundestagsfraktion der F.D.P.

Wie Takt[61] und professionelles Management zwar keine Kategorien des
Rechts, wohl aber sinnvoller, rationaler Politik sind, so gilt dies auch für
die Zahl der Minister (in den Stadtstaaten: Senatoren) und Staatssekretäre
(in Bremen und Hamburg: Staatsräte). Diese Zahl ist im Grundgesetz und
in einigen Landesverfassungen überhaupt nicht, in manchen Landesrech-
ten nur mit einer Höchst- und/oder Mindestzahl festgelegt[62].

Die Geschichte der Bundesrepublik zeigt, daß – jedenfalls auf Bundes-
bene – die Minister- und Staatssekretärsgebärfreudigkeit bei Koalitionsre-
gierungsbildungen auf wundersame Weise wächst[63]. Den Vogel abge-

---

[59] Die Koalition zwischen SPD und FPÖ war aufgrund der Erklärungen der
beteiligten Parteien faktisch im Herbst 1986 beendet; formell endete die Koalition
im Januar 1987 nach der Einigung von SPÖ und ÖVP über die Bildung der Großen
Koalition (*A. Pelinka / S. Rosenberger* [Fn. 48], S. 103 Fn. 3).

[60] Die Zurückweisung dieses Vorschlages der SPD durch die F.D.P. kom-
mentierte der damalige Fraktionsvorsitzende der SPD und spätere Erste Bürgermeister Dr. *Henning Voscherau* mit den Worten, die F.D.P. solle „ihre illiberale,
alttestamentarische Abstrafreaktion noch einmal überdenken", und der Widerstand
der F.D.P. habe „etwas von der Art einer Vendetta an sich" (Hamburger Abend-
blatt vom 1. Juni 1988, S. 1; Vendetta [italienisch]: Blutrache). Mit dieser Wortwahl
hatte er sich wohl etwas vergriffen.

[61] Ein Beispiel für (die seltene) Bezugnahme auf politischen Takt findet sich –
allerdings in einem gänzlich anderen Zusammenhang (Anhörung des Bürgers vor
wichtigen behördlichen Entscheidungen) im Urteil des BGH JZ 1969, S. 637 ff. – Fall
Läpple.

[62] Vgl. z. B. Verfassung von Berlin: Regierender Bürgermeister, Bürgermeister
als sein Vertreter sowie höchstens sechzehn Senatoren (Art. 40 Abs. 2). – Festlegung
durch Gesetz in Bremen (Art. 107 Abs. 1 Verf.) und Hamburg (Art. 33 Abs. 2 Verf.).

[63] Eine erwähnenswerte – weil seltene – positive Ausnahme von dieser
Vermehrungspraxis war die Koalition zwischen SPD und F.D.P. in Hamburg

schossen hat die Bildung der Bundesregierung 1991 mit 33 (!) Parlamentarischen Staatssekretären[64]. Verfassungsrechtlich wirft eine so hohe Zahl
von Regierungsmitgliedern, die zugleich dem Parlament angehören, die
Frage auf, ob dieses Ausmaß an Gewaltenverschränkung noch mit dem
Gewaltenteilungsprinzip des Art. 20 Abs. 2 Satz 2 GG vereinbar ist.
Politisch stellt sich die Frage nach Notwendigkeit und Qualität. Von den
vielen Parlamentarischen Staatssekretären in Bonn hat mehr als einer die
politische Ausstrahlungskraft einer Blattlaus.

In dem Werk „Die Bundesregierung. Volkshandbuch 1988" wird zu
der erwähnten Gebärfreudigkeit ungeniert ausgeführt: „Wenn bei einer
Regierungsbildung ein bestimmter Proporz unter den Koalitionsparteien
auf der Ebene der Minister noch nicht zufriedenstellend erreicht worden
ist, kann im Bereich der Parlamentarischen Staatssekretäre – oder Staats-
minister – nachgebessert werden. Dabei lassen sich dann auch Ansprüche
unterschiedlicher Gruppierungen einzelner Fraktionen oder Erwartun-
gen, die in Landes- sowie Bezirksorganisationen der Koalitionsparteien
entstanden sind, berücksichtigen"[65]. Wenn's nicht so traurig wär, wär's
närrisch. Wie sagte *Clemens Amelunxen* in seinem Vortrag „Zur Rechtsgeschichte der Hofnarren" vor der Juristischen Gesellschaft zu Berlin:
„Die Welt der Narrheit steht ebenbürtig neben der Welt der Vernunft;
mehr noch, beide Reiche sind auswechselbar"[66].

Zu 2 (Die gemeinsame Regierungsarbeit): Die rechtlichen Formen der
Regierungsarbeit sind im Grundgesetz, im Bundesministergesetz, im
Gesetz über die Parlamentarischen Staatssekretäre und in der Geschäftsordnung der Bundesregierung geregelt, für die Landesregierungen in den
diesbezüglichen landesrechtlichen Bestimmungen. Soweit eine Richtlinienkompetenz des Regierungschefs in der Verfassung vorgesehen ist[67] –
wie in Art. 65 Satz 1 Grundgesetz und in etlichen (aber nicht in allen)

1987–1991: Die Koalition reduzierte die Zahl der Senatoren von vorher 13 auf 12
(die vorher von zwei Senatoren verwalteten Ressorts „Wissenschaft und Forschung" und „Kultur" wurden einem Senator übertragen). Damit blieb die Größe
des Senats nur knapp über der im Senatsgesetz vom 18. Februar 1971 festgelegten
Mindestgröße („Der Senat besteht aus mindestens zehn und höchstens fünfzehn
Senatoren" – § 1 Abs. 1). Nach dem Ende der Koalition mit der Wahl am 2. Juni
1991 und dem Beginn der SPD-Alleinregierung am 26. September 1991 wurde die
Zahl der Senatoren wieder auf 13 erhöht.

[64] Vgl. die Liste der insgesamt 19 Bundesminister und 33 Parlamentarischen
Staatssekretäre in: Handbuch der Bundesregierung, 12. Wahlperiode, Stand: April
1992, S. 1 f., S. 7 f.

[65] Die Bundesregierung – Volkshandbuch 1992 (Fn. 50), S. 39.

[66] *Cl. Amelunxen*, Zur Rechtsgeschichte der Hofnarren, 1991, S. 10.

[67] Vgl. dazu allg.: *H.-W. Bayer*, Zur Richtlinienkompetenz des Bundeskanzlers, DÖV 1965, S. 753 ff.; *E. K. Junker*, Die Richtlinienkompetenz des Bundes-

Landesverfassungen – kann diese verfassungsmäßige Kompetenz nicht durch eine Koalitionsvereinbarung beseitigt werden[68]. Aber die Richtlinienkompetenz kann nicht isoliert betrachtet werden; sie ist vielmehr eingebettet in das vom Grundgesetz für die Bundesregierung und von den Landesverfassungen für die Landesregierungen vorgeschriebene System der parlamentarischen Verantwortlichkeit, die auch eine Abhängigkeit vom Parlament bedeutet[69]. Will ein Regierungschef erfolgreich Politik betreiben, so kann er die Richtlinienkompetenz weder in Form von einsamen Entschlüssen, noch als Knüppel-aus-dem-Sack-Taktik praktizieren[70].

Zu 3 (Das Abstimmungsverhalten im Bundesrat): Das Abstimmungsverhalten im Bundesrat[71] kann geprägt sein (ohne daß dies der Fall sein muß) von der unterschiedlichen Identitätslage zwischen Landeskoalition und Bundeskoalition.

Hierzu gibt es drei Möglichkeiten:

a) die Landeskoalition ist in ihrer parteimäßigen Zusammensetzung mit der Bundeskoalition identisch (z. Zt. ist dies der Fall in Mecklenburg-Vorpommern, Sachsen-Anhalt und Thüringen);

b) die Landeskoalition (im Fall einer Alleinregierung: diese) ist mit der Bundeskoalition teilidentisch (z. Zt. ist dies so in: Baden-Württemberg, Berlin, Brandenburg, Bremen und Rheinland-Pfalz, sowie – dort mit Alleinregierung – in Bayern und Sachsen);

---

kanzlers, 1965; *H. Karehnke*, Richtlinienkompetenz des Bundeskanzlers, Ressortprinzip und Kabinettsgrundsatz – Entspricht Art. 65 noch heutigen Erfordernissen?, DVBl. 1974, S. 101 ff.; *F. Knöpfle*, Inhalt und Grenzen der „Richtlinien der Politik" des Regierungschefs, DVBl. 1965, S. 857 ff.; *M. Oldiges*, Die Bundesregierung als Kollegium, 1983.

[68] Dies ist unstrittig; vgl. z. B. *W.-R. Schenke* (Fn. 32), Art. 63 Rdn. 31; *B. Schmidt-Bleibtreu / F. Klein*, Grundgesetz, Kommentar, 7. Aufl., 1990, Art. 65 Rdn. 12.

[69] Zur rechtlichen Beachtung „faktischer Effizienz" vgl. *W.-R. Schenke* (Fn. 32), Art. 63 Rdn. 30. – Kritische Bewertung der „Richtlinien der Politik" und der „Leitung des Geschäftsbereichs" in Art. 65 GG als „Allerweltsformeln": *Herzog*, MD, Art. 20 Rdn. 39.

[70] Zur Handhabung der Richtlinienkompetenz in der Kanzlerzeit von *Konrad Adenauer* berichtet *R. Morsey*, Geschichte der Bundesrepublik Deutschland, 2. Aufl., 1990, S. 73: „Adenauer hat von Beginn seiner Amtszeit an häufig auf seine Richtlinienkompetenz gepocht, stieß aber mit solchen Monita oft genug an die Grenzen seiner koalitionspolitischen Möglichkeiten. Er blieb von den Mehrheitsverhältnissen seiner jeweiligen Koalition abhängig, auch wenn deren Abgeordnete durch die seit 1953 zum Personalplebiszit gewordenen Bundestagswahlen bis 1961 hin von seinem Erfolg profitierten".

[71] Vgl. dazu *W.-R. Bandorf*, Das Stimmverhalten im Bundesrat als Gegenstand von Koalitionsvereinbarungen, ZRP 1977, S. 81 ff.

c) die Landeskoalition ist mit der Bundeskoalition weder identisch noch teilidentisch (gegenwärtig: Hamburg, Hessen, Niedersachsen, Nordrhein-Westfalen und Schleswig-Holstein).

Koalitionsprobleme in bezug auf das Abstimmungsverhalten im Bundesrat werden in der Regel nur bei Teilidentität auftauchen und zu einer Bundesratsklausel in der jeweiligen Koalitionsvereinbarung führen. Weil es kein Einheitsmuster für Koalitionsvereinbarungen gibt, sind auch die Bundesratsklauseln in den früheren und in den jetzigen Koalitionsvereinbarungen nicht identisch. Sehr präzise formuliert die brandenburgische Koalitionsvereinbarung zwischen SPD, F.D.P. und Bündnis 90: „Das Abstimmungsverhalten der Vertreter des Landes Brandenburg im Bundesrat orientiert sich an den Interessen des Landes. Es wird im einzelnen von der Landesregierung festgelegt. Bei Fragen, die nicht Gegenstand der vereinbarten Politik sind und die im Kabinett strittig bleiben, werden sich die brandenburgischen Mitglieder des Bundesrates an der Abstimmung nicht beteiligen".

Diese und ähnlich formulierte Regelungen in anderen Koalitionsvereinbarungen sind verfassungsrechtlich schon deshalb unbedenklich, weil die Mitglieder des Bundesrates nicht – wie die Abgeordneten des Bundestages – ein freies Mandat haben, sondern an Weisungen ihrer Landesregierung gebunden sind[72]. Politisch betrachtet ist wichtig, daß der Bundesrat nicht als Bundesoppositionsrat mißverstanden und mißbraucht werden darf[73]. Wer dies nicht einsieht, kann selbst einmal später von anderen daran schmerzhaft erinnert werden.

Zu 4 (Die Gemeinsamkeiten parlamentarischer Arbeit): Verfassungsrechtlich problematisch sind die Koalitionsvereinbarungen insoweit, als durch sie Gemeinsamkeiten parlamentarischer Arbeit festgelegt werden. In der Koalitionsvereinbarung von CDU und SPD für Berlin vom 23. Januar 1991 ist diese Zusammenarbeit wie folgt geregelt (Abschn. IV):

„1. Sinn der Koalition ist es, die Koalitionsvereinbarung in Regierungspolitik umzusetzen.

Die Koalitionspartner stimmen darin überein, daß im Abgeordnetenhaus nicht mit wechselnden Mehrheiten abgestimmt wird. Dies gilt auch für die Ausschüsse.

2. Die Koalitionspartner sind sich einig, daß Entscheidungen in Fragen von grundsätzlicher Bedeutung, die nicht ausdrücklich Gegenstand der Koalitionsvereinbarung sind, nicht gegen den Willen eines Partners

---

[72] Vgl. *H. Jarass / B. Pieroth*, GG, 2. Aufl., 1992, Art. 51 Rdn. 6, mit dem Hinweis: „Die Stimmabgabe darf durch Koalitionsvereinbarungen in den Ländern festgelegt werden".

[73] Vgl. dazu *H. H. Klein*, Parteipolitik im Bundesrat?, DÖV 1971, S. 325 ff.

getroffen werden. Parlamentarische Initiativen bedürfen der Absprache beider Fraktionen über Inhalt und Vorgehen.
Die Koalitionspartner sind sich einig, daß die Initiativ- und Kontrollfunktion des Parlaments gegenüber der Regierung gerade vor dem Hintergrund einer großen Koalition gestärkt werden muß.
3. Die Vorsitzenden und Geschäftsführer der Koalitionsfraktionen treffen sich regelmäßig zur Abstimmung der parlamentarischen Zusammenarbeit. Sie können im Bedarfsfall weitere Mitglieder der Fraktionsvorstände hinzuziehen. Initiativen der Koalitionsfraktionen werden vor der Einbringung im Abgeordnetenhaus möglichst einvernehmlich in den Arbeitskreisen der Fraktionen beraten oder wechselseitig den Fraktionsvorsitzenden und Fraktionsgeschäftsführern zur Kenntnis gebracht, die sie mit dem Ziel einer Absprache über Inhalt und Vorgehen beraten. Dies gilt auch für die Beantragung von aktuellen Stunden und für große Anfragen" …[74]

Auch hier ist vorab festzuhalten, daß Koalitionsvereinbarungen Verfassungsrechte nicht abdingen können. Das freie Mandat des Abgeordneten[75] bleibt bestehen, so wie ihm auch (zulässige) Fraktionsdisziplin und (unzulässiger) Fraktionszwang[76] nichts anhaben können, aber in der Parlamentspraxis im allgemeinen und in der Fraktionspraxis im besonderen Kompromisse oft erforderlich werden. Ob eine Koalitionsvereinbarung nur als Leitlinie, Richtstrahl, Leine, oder aber als Geschirr oder gar als Joch angesehen wird, mag aus der Sicht der einzelnen Abgeordneten oft unterschiedlich bewertet werden.

Tatsächlich – und dies ist auch rechtlich relevant – werden Koalitionsvereinbarungen einer Fraktion nicht von außen aufgestülpt, sondern die Fraktion verhandelt durch ihre in die Koalitionsverhandlungen entsandten Vertreter mit. Regelmäßig werden Koalitionsvereinbarungen auch vor ihrer Unterzeichnung nicht nur den zuständigen Gremien der Partei (je nach Satzung der Partei: Landesdelegiertenversammlung [Parteitag], Landesvorstand etc.), sondern auch der Fraktion zur Entscheidung über Zustimmung oder Verwerfung vorgelegt. Soweit Abstimmungen mit wechselnden Mehrheiten (in der angelsächsischen Rechtsprache: "jum-

---

[74] Die im folgenden (unter Nr. 4 der Koalitionsvereinbarung) getroffene Regelung, derzufolge die Vorsitzenden der Koalitionsfraktionen oder ein von ihnen bestellter Vertreter das Recht haben, an den Senatssitzungen teilzunehmen, ist wegen Verstoßes gegen den Grundsatz der Gewaltentrennung verfassungswidrig.
[75] Vgl. dazu *W. Henke* (Fn. 32), Rdn. 84; *H. Jarass / B. Pieroth* (Fn. 72), Rdn. 26 ff.
[76] Vgl. dazu *W. Henke* (Fn. 32), Rdn. 137 ff.

ping votes") in der Koalitionsvereinbarung untersagt werden, kann im Einzelfall einverständlich – also aufgrund entsprechender Einigung zwischen den Koalitionspartnern – davon abgewichen werden[77]. Verfassungsrechtlich entscheidend ist aber, daß auch eine Koalitionsvereinbarung keinen Auftrag und keine Weisung an die Parlamentsabgeordneten in dem Sinne abzugeben vermag, wie sie Art. 38 Abs. 1 Satz 2 GG und die entsprechenden Bestimmungen in den Landesverfassungen ausschließen.

Zu 5 (Sacharbeit in den Ländern, soweit sie Sachgebiete betrifft, die in die Gesetzgebungszuständigkeit des Bundes fallen): Soweit Koalitionsvereinbarungen zu bundesgesetzlichen Zuständigkeiten Stellung nehmen, ist für die verfassungsrechtliche Bewertung entscheidend, daß es sich um Parteivereinbarungen handelt. Die Landesparteien sind durch die Gesetzgebungszuständigkeitskataloge des Grundgesetzes nicht eingezäunt. Der Landesverband einer Partei oder die Landesverbände mehrerer Parteien können z. B. die Abschaffung der Wehrpflicht und die Umwandlung der Bundeswehr in eine Freiwilligenarmee fordern, obwohl die Gesetzgebungszuständigkeit für das Sachgebiet Landesverteidigung eindeutig und unzweifelhaft beim Bund liegt (Art. 73 Nr. 1 GG). Wenn eine solche Initiative eines Landesverbandes einer Partei zur Betätigungsfreiheit der Parteien gehört, kann dies auch Gegenstand einer Koalitionsvereinbarung sein. Verfassungsrechtlich heikel wird die Sache erst, wenn eine Landesregierung und/oder ein Landesparlament – also Staatsorgane des Landes – sich damit befassen. Nach den strengen Maßstäben des Bundesverfassungsgerichts in Sachen Atomwaffenvolksbefragung[78] sind die Landesregierungen und Landesparlamente jedenfalls gut beraten, sich in diesen Feldern zurückzuhalten. Dies gilt auch für die Landesverfassungsgeber, wenn sie Vorschriften, in denen sie auf Zuständigkeitsbereiche des Bundes ausgreifen, mit der Formulierung „hinwirken", „ablehnen" o. ä. verhüllen[79].

---

[77] Ein Beispiel eines fraktionsübergreifenden Gruppenantrages ist die Gesetzgebungsinitiative betr. die Neuregelung des Schwangerschaftsabbruches (Gesetz zum Schutz des vorgeburtlichen/werdenden Lebens, zur Förderung einer kinderfreundlichen Gesellschaft, für Hilfen im Schwangerschaftskonflikt und zur Regelung des Schwangerschaftsabbruchs [Schwangeren- und Familienhilfegesetz] vom 27. Juli 1992); einstweilige Anordnung gegen das Inkrafttreten des Gesetzes: BVerfG NJW 1992, S. 2343.

[78] BVerfGE 8, 104 ff. (Hamburg, Bremen); 8, 122 ff. (Hessen).

[79] Beispiel für eine zum Bundesrecht im Widerspruch stehende Aussage: „Deshalb lehnt die Landesregierung die weitere Nutzung der Atomenergie ab" (Koalitionsvereinbarung SPD/Grüne in Hessen vom 8. März 1991, Abschn. Atompolitik Nr. 1, S. 11).

IX. Rechtsnatur der Koalitionsverträge

Koalitionsverträge werden meist paraphiert, sodann den Parteigremien zur Diskussion und Zustimmung vorgelegt und dann – oft feierlich – von den Verhandlungsführern oder allen Mitgliedern der Verhandlungskommission unterschrieben. Die Verhandlungen selbst sind formalisiert und ähneln dem Ritual von Tarifverhandlungen[80]. Die Koalitionsverträge werden heute – anders als früher –[81] stets veröffentlicht[82]. Für die Beilegung von Streitigkeiten aus dem Koalitionsvertrag wird in der Regel ein Koalitionsausschuß eingesetzt[83]. Die Vertragspartner wollen, daß der Koalitionsvertrag für die Dauer seiner Geltungzeit eingehalten wird. Von einer jederzeitigen Kündigungsmöglichkeit gehen die Vertragspartner nicht aus. Die Texte der Koalitionsvereinbarungen enthalten folgerichtig keine Kündigungsregelungen[84].

Aus alledem lassen sich Schlüsse auf die Rechtsnatur der Koalitionsverträge ziehen. Die Koalitionsverträge werden – wie erwähnt – in formalisierten Verhandlungen erarbeitet, sollen nach dem Willen der Vertragsparteien wechselseitige Bindungen erzeugen, enthalten Rechte und Pflichten der Vertragsparteien (sie sind also keine Verträge zu Lasten Dritter). Der Gegenstand eines Koalitionsvertrages ist – wie der Bundesgerichtshof insoweit zutreffend festgestellt hat[85] – verfassungsrechtlicher Art, wenn auch gegenüber dem normalen verfassungsrechtlichen Vertrag mit der Besonderheit, daß die Vertragspartner – politische Parteien[86] – ihrer Rechtsform nach Privatrechtssubjekte (je nach der Regelung in ihrer

---

[80] Zum Ritual gehört z. B. die überlange Dauer der Verhandlungen an einem Tag, möglichst bis spät in die Nacht (in den hamburger Koalitionsverhandlungen zwischen SPD und F.D.P. 1987 wurde einmal von 16.00 bis 5.30 Uhr verhandelt), das Verhandeln an Feiertagen und die anschließenden Presseverlautbarungen.

[81] Th. Eschenburg (Fn. 45), S. 680, schrieb noch im Jahre 1960: „Diese Parteiverträge (gemeint sind: Koalitionsvereinbarungen) werden streng geheimgehalten. Ich selbst habe nur zwei Koalitionsverträge zu Gesicht bekommen".

[82] Die früher diskutierte Frage, ob eine verfassungsrechtliche Rechtspflicht zur Veröffentlichung von Koalitionsvereinbarungen besteht – vgl. dazu P. Häberle (Fn. 29), S. 297 (bejahend), W.-R. Schenke (Fn. 32), Rdn. 36 (verneinend) – ist deshalb heute aus tatsächlichen Gründen obsolet.

[83] Vgl. dazu oben Abschn. VII.

[84] Dies schließt den Bruch einer Koalition – also ihre Beendigung vor dem Ende der Legislaturperiode – zwar nicht aus, bringt aber den die Koalition aufkündigenden Koalitionspartner in die Situation des eine Vereinbarung Brechenden; vgl. dazu auch W.-R. Schenke, die verfassungswidrige Bundestagsauflösung, NJW 1982, S. 2521 ff. [2527].

[85] BGH (Fn. 10), S. 190.

[86] Zur Rechtsstellung und Rechtsform der politischen Parteien allg. vgl. Ph. Kunig, Parteien, in: J. Isensee / P. Kirchhof (Fn. 32), § 33, insbes. Rdn. 22 f.

Satzung: rechtsfähige oder nichtrechtsfähige Vereine des Privatrechts) sind[87]. Spätestens seitdem das Bundesverfassungsgericht zwar nicht für alle Fälle, aber in bestimmten Fällen politischen Parteien als Beteiligte in Organstreitigkeiten vor dem Bundesverfassungsgericht zuläßt[88], kann die privatrechtliche Rechtsform der Parteien kein Gegenargument sein. Mit dem jüngeren *Konrad Hesse*[89] gegen den älteren *Konrad Hesse*[90] ist deshalb festzuhalten, daß Koalitionsvereinbarungen nicht nur politische Absprachen sind. Koalitionsvereinbarungen sind Verträge, und zwar verfassungsrechtliche Verträge[91].

Zuzugeben und richtig ist allerdings, daß Koalitionsverträge nicht gerichtlich durchsetzbar sind[92]. Gerichtlich nicht durchsetzbare rechtliche Verpflichtungen sind dem deutschen Recht nicht fremd[93]. Für das Bewußtsein und das Verhalten der Koalitionspartner zueinander ist es wichtig, daß der Koalitionsvertrag eben nicht nur ein unverbindlicher Austausch politischer Meinungen, eine politische Absichtserklärung ist, sondern ein rechtlich bindender Vertrag ist.

In einer hochindustrialisierten, internationalen Gesellschaft werden die Probleme immer komplexer. Einfache Lösungen gibt es nicht. Die Rechtsordnung stellt sich auf neue Probleme mit neuen Rechtstypen und der rechtlichen Anerkennung atypischer Handlungsformen ein. Im Völkerrecht gewinnt das sog. „soft law" mehr und mehr Beachtung[94]. Im innerstaatlichen Recht wird informales Verwaltungshandeln („Aushan-

---

[87] Daß zwischen Privatrechtssubjekten öffentlich-rechtliche Verträge abgeschlossen werden können, ist heute h. M.; vgl. die Hinweise bei *H.-U. Erichsen*, in: H.-U. Erichsen / W. Martens, Allgemeines Verwaltungsrecht, 9. Aufl., 1992, § 25 III Rdn. 9 Fn. 36. Zur Frage der Anwendbarkeit des § 57 VwVfG auf öffentlich-rechtliche Verträge unter Privaten vgl. BVerwG DVBl. 1992, S. 1295 ff. (keine unmittelbare Anwendung, analoge Anwendbarkeit offengelassen).

[88] Vgl. dazu BVerfGE 44, 125 (137) – Öffentlichkeitswerbung der Regierung in Wahlkampfzeiten; *Th. Clemens*, Politische Parteien und andere Institutionen im Organstreitverfahren, in: Fs f. *W. Zeidler*, 1987, S. 1261 ff.

[89] *K. Hesse* (Fn. 26), S. 45 (Vereinbarungen, die einem „besonderen öffentlichen Rechtsbereich" angehören).

[90] *K. Hesse* (Fn. 32), Rdn. 178: keine rechtlichen Vereinbarungen, sondern politische Absprachen. Ebenso *W. Henke* (Fn. 32), Art. 21 Rdn. 152; *U. K. Preuß* (Fn. 32), Art. 21, Rdn. 60.

[91] Wie hier: *K. H. Friauf* (Fn. 28), S. 261; *Chr. Sasse* (Fn. 27), S. 726 ff.; *H.-P. Schneider* (Fn. 32), Art. 63 Rdn. 3.

[92] *B. Schmidt-Bleibtreu / F. Klein* (Fn. 68), Art. 65 Rdn. 12; *K.-H. Seifert*, Die politischen Parteien im Recht der Bundesrepublik Deutschland, 1975, S. 430; *K. Stern* (Fn. 32), § 22 III 2 γ.

[93] Vgl. dazu § 118 Satz 1 GewO.

[94] Vgl. dazu neuestens *W. Heusel*, „Weiches" Völkerrecht. Eine vergleichende Untersuchung typischer Erscheinungsformen, 1991.

deln statt Entscheiden" – *Philip Kunig*[95]) nicht mehr geduldet, sondern als rechtlich anerkanntes Instrument behandelt.

X. Resümee

Wir leben in einer Zeit der politischen Verdrossenheit – nicht der Staatsverdrossenheit, nicht der Demokratieverdrossenheit, sondern der Parteienverdrossenheit[96]. Da es in der Demokratie keine Alternative zu den politischen Parteien gibt, darf diese Feststellung nicht zu Resignation führen; notwendig sind vielmehr verstärkte Bemühungen, Mißstände zu beseitigen und das Parteienwesen zu reformieren.

Koalitionsregierungen können durch Wahlergebnisse notwendig oder geraten erscheinen[97]. Koalitionen basieren auf politischen Kompromissen und auf Zusammenarbeit[98]. Bei allen Sachunterschieden im einzelnen und bei aller Wahrung der Selbständigkeit der Parteien in einer Koalition sollte die gemeinsame politische Arbeit in einer Atmosphäre der Ehrlichkeit und Fairneß stattfinden. Auch Koalitionen müssen glaubwürdig sein – ein vielfacher Mangel an Glaubwürdigkeit ist zweifellos mit einer der Gründe für die weitverbreitete Parteienverdrossenheit.

Ist eine Koalition beendet, so gibt es zwar keine fortwirkende Gemeinsamkeit mehr; aber der Bürger versteht kaum, wenn die Parteien, die bis vor kurzem noch Partner in einer Regierungskoalition waren, nun aufeinander eindreschen. Für Beziehungen von Menschen untereinander wird gesagt: „Nicht ist kälter als eine erloschene Liebe". Offensichtlich gilt dies auch für ehemalige Koalitionspartner. Nach dem Ende der hamburger Koalition von SPD und F.D.P. attackierte die SPD ihren früheren Partner mit der Übersetzung des Kürzels F.D.P. in „Für-Deinen-Profit"-Partei. Die F.D.P. konterte mit SPD gleich „Selbstbedienungs-Partei Deutschlands".

In einem demokratischen Gemeinwesen sollten alle demokratischen

---

[95] *Ph. Kunig / S. Rublack*, Aushandeln statt Entscheiden, Jura 1990, S. 1 ff. – Zu gewandelten Verhaltensweisen im Verhältnis von Verwaltung zu Privatpersonen vgl. auch *H.-U. Erichsen*, in: H.-U. Erichsen / W. Martens (Fn. 87), § 35; *Ph. Kunig*, Verträge und Absprachen zwischen Verwaltung und Privaten, DVBl. 1992, S. 1193 ff.

[96] Vgl. dazu z. B. *P. Haungs*, Aktuelle Probleme der Parteiendemokratie, in: Hb. f. Politik 1 (1992), S. 37 ff. – Zu ähnlichen Erscheinungen der Parteienverdrossenheit im Ausland vgl. *A. Kimmel*, Parteienstaat und Antiparteienaffekt in Frankreich, in: Jb. f. Politik 1 (1992), S. 319 ff.

[97] Das Gegenmodell wäre die Proporzregierung, in der alle bei der Wahl erfolgreichen Parteien nach dem Ergebnis ihrer Stärke vertreten sind. Beispiele hierfür sind die meisten Regierungen der Länder in der Republik Österreich und Gemeinderäte in Dänemark.

[98] Vgl. dazu *H. Meyer* (Fn. 37), S. 210: „Koalitionen sind im Normalfall Ausdruck einer politischen Kultur, die den Kompromiß als Mechanismus zur Regelung von Konflikten nicht gering schätzt".

Parteien miteinander koalitionsfähig sein[99]. Die hamburger sozial-liberale Koalition war deshalb politisch so wichtig und richtig, weil sie das seit 1982 bis zur Bildung dieser Koalition in der Bundesrepublik vorherrschende Denken in zwei politischen Lagern – hier bürgerliches Lager (CDU/CSU–F.D.P.), dort nichtbürgerliches Lager (SPD–GRÜNE) – überwunden hat. Heute sind Koalitionen zwischen SPD und F.D.P. oder sog. Ampel-Koalitionen ebenso selbstverständlich wie andere Koalitionen. *Reinhold Maier* hatte recht mit seiner Feststellung: „Prinzipiell ist eine Koalition nie prinzipiell"[100]. Gemeint ist damit: Koalitionen dürfen keine ideologischen Festungen sein.

Das Thema rechtliche und politische Probleme von Koalitionsregierungen greift in Recht und Politik in einer Gemengelage, die teils von der Politik, teils vom Recht bestimmt wird. Aber es gilt hier wie überall: Die Politik muß sich immer im Rahmen des Rechts halten. ◦

---

[99] Deshalb sollten auch die GRÜNEN sich zur Wahrung ihrer Selbständigkeit nicht an eine Partei ketten, sondern sich auch gegenüber der CDU (und umgekehrt diese gegenüber den GRÜNEN) öffnen. Anders werden in manchen Teilen Deutschlands verkrustete Strukturen nicht beseitigt werden können.

[100] Zitat nach *B.-C. Padtberg*, Wir suchen Deutschland. Reinhold Maier als Bundespolitiker, 1989, S. 124.

Übersicht über die Reichskabinette der Weimarer Zeit

Reichskanzler[18]	Amtsdauer	Partei	Koalition	Rücktrittsgrund
1. *Scheidemann* ReichsMinPräs. (Bd. IV, S. 117)	13. 2. –21. 6. 19	SPD	„Weimarer K." (Ztr., DDP, SPD)	Konflikt über Annahme des Friedensvertrages
2. *Bauer* ReichsMinPräs. 14. 8. 19: RKanzl. (Bd: III, S. 846)	21. 6. 19 –26. 3. 20	SPD	Ztr., SPD (seit 5. 10. 19: Weimarer K.)	Konflikt in der SPD nach dem Kapp-Putsch
3. *H. Müller (I)* (Bd. IV, S. 115)	27. 3. –8. 6. 20	SPD	„Weimarer K."	Wahlniederlage am 6. 6. 20
4. *Fehrenbach* (Bd. IV, S. 58)	25. 6. 20 –4. 5. 21	Ztr.	„Bürgerl. Mitte" (DVP, Ztr., DDP)	Ablehnung des Londoner Ultimatums
5. *Wirth (I)* (Bd. IV, S. 60)	10. 5. –22. 10. 21	Ztr.	„Weimarer K."	Kabinettsumbildung
6. *Wirth (II)*	26. 10. 21 –14. 11. 22	Ztr.	„Weimarer K."	Scheitern der „Erfüllungspolitik"
7. *Cuno* (oben S. 226)	22. 11. 22 –12. 8. 23	pl.	„Bürgerl. Mitte" (BVP, DVP, Ztr., DDP)	Scheitern des „pass. Widerstands"
8. *Stresemann (I)* (Bd. IV, S. 73)	12. 8. –6. 10. 23	DVP	„Große K." (DVP, Ztr., DDP, SPD)	Kabinettsumbildung
9. *Stresemann (II)*	6. 10. –23. 11. 23	DVP	„Große K." (seit 3. 11. 23: Bürgerl. Mitte)	Mißtrauensvotum des Reichstags
10. *W. Marx (I)* (Bd. IV, S. 57)	30. 11. 23 –26. 5. 24	Ztr.	„Bürgerl. Mitte" (BVP, DVP, Ztr., DDP)	Kabinettsumbildung nach Neuwahlen (4. 5. 24)
11. *W. Marx (II)*	3. 6. –15. 12. 24	Ztr.	„Bürgerl. Mitte" (DVP, Ztr., DDP)	Kabinettsumbildung nach Neuwahlen (7. 12. 24)
12. *H. Luther (I)* (Bd. V, S. 1138)	15. 1. –5. 12. 25	pl.	„Mitte-Rechts-K." (DNVP, BVP, DVP, Ztr.)	Ausscheiden der DNVP
13. *H. Luther (II)*	20. 1. –12. 5. 26	pl.	„Bürgerl. Mitte" (BVP, DVP, Ztr., DDP)	Mißtrauensvotum des Reichstags
14. *W. Marx (III)*	16. 5. –17. 12. 26	Ztr.	„Bürgerl. Mitte" (wie bisher)	Mißtrauensvotum des Reichstags
15. *W. Marx (IV)*	29. 1. 27 –2. 6. 28	Ztr.	„Mitte-Rechts-K." (DNVP, BVP, DVP, Ztr.)	Wahlniederlage am 20. 5. 28
16. *H. Müller (II)*	28. 6. 28 –27. 3. 30	SPD	„Große K." (BVP, DVP, Ztr., DDP, SPD)	Ausscheiden der SPD
17. *Brüning (I)* (oben S. 196)	30. 3. 30 –7. 10. 31	Ztr.	„Bürgerl. Mitte" (wie Nr. 10) PräsidialKab.	Kabinettsumbildung
18. *Brüning (II)*	9. 10. 31 –30. 5. 32	Ztr.	„Bürgerl. Mitte" PräsidialKab.	Verlust des Vertrauens des Reichspräsidenten
19. *v. Papen* (oben S. 204)	1. 6. –17. 11. 32	pl.	PräsidialKab. (ohne Parteibindung)	Kabinettsumbildung nach Neuwahlen (6. 11. 32)
20. *v. Schleicher* (Bd. V, S. 895)	3. 12. 32 –28. 1. 33	pl.	PräsidialKab. (ohne Parteibindung)	Verlust des Vertrauens des Reichspräsidenten

---

18 Insgesamt standen vom 13. Februar 1919 bis zum 30. Januar 1933 zwanzig Kabinette an der Spitze der Republik. Über die Kabinettsführung, die Kabinettsdauer, die das Kabinett tragende Koalition sowie die Gründe und Formen des Kabinettswechsels unterrichtet in Stichworten die folgende Übersicht. Die acht Kabinette Nr. 1, 2, 3, 8, 9 (in seiner ersten Zeit), 12, 15 und 16 waren Mehrheits-Kabinette, die zwölf übrigen (sowie das Kabinett Nr. 9 in seiner letzten Zeit) waren Minderheitskabinette. Als Endpunkt der Amtsdauer ist der Tag des Rücktritts genannt, an den sich stets die Geschäftsführung durch das alte Kabinett bis zum Amtsantritt des neuen anschloß.

Aus: *Ernst Rudolf Huber*, Deutsche Verfassungsgeschichte seit 1789, Bd. VI, 1981, Verlag W. Kohlhammer, Stuttgart.

Regierungskoalitionen im Bund
(1949 bis 1992)

1949: Ab September: Koa: CDU/CSU, FDP, DP; BK: Konrad Adenauer (CDU)

1953: Ab Oktober: Koa: CDU/CSU, FDP, DP, GB/BHE; BK: Konrad Adenauer (CDU)

1955: Ab Juli: Koa: CDU/CSU, FDP, DP

1956: Ab Februar: Koa: CDU/CSU, DP, Fraktionslose; Ab März: Koa: CDU/CSU, DP, DA/FVP; Ab März: Koa: CDU/CSU, DP/FVP

1957: Ab Oktober: Koa: CDU/CSU, DP; BK: Konrad Adenauer (CDU)

1960: Ab Juli: Koa: CDU/CSU, Fraktionslose; Ab September: Reg: CDU/CSU

1961: Ab November: Koa: CDU/CSU, FDP; BK: Konrad Adenauer (CDU)

1963: Ab Oktober: BK: Ludwig Erhard (CDU)

1965: Ab Oktober: Koa: CDU/CSU, FDP; BK: Ludwig Erhard (CDU)

1966: Ab Oktober: Reg: CDU/CSU; Ab Dezember: Koa: CDU/CSU, SPD; BK: Kurt Georg Kiesinger (CDU)

1969: Ab Oktober: Koa: SPD, FDP; BK: Willy Brandt (SPD)

1972: Ab Dezember: Koa: SPD, FDP; BK: Willy Brandt (SPD)

1974: Ab Mai: BK: Helmut Schmidt (SPD)

1976: Ab Dezember: Koa: SPD, FDP; BK: Helmut Schmidt (SPD)

1980: Ab November: Koa: SPD, FDP; BK: Helmut Schmidt (SPD)

1982: Ab September: Reg: SPD; Ab Oktober: Koa: CDU/CSU, FDP; BK: Helmut Kohl (CDU)

1983: Ab März: Koa: CDU/CSU, FDP; BK: Helmut Kohl (CDU)

1987: Ab Februar: Koa: CDU/CSU, FDP; BK: Helmut Kohl (CDU)

1991: Ab Januar: Koa: CDU/CSU, FDP; BK: Helmut Kohl (CDU)

Angaben (um die Zeit von 1987–1991 vom Autor ergänzt) aus:
Datenhandbuch zur Geschichte des Deutschen Bundestages 1949 bis 1982, 3. Aufl. 1984, Nomos Verlag Baden-Baden, S. 374 ff.
Datenhandbuch zur Geschichte des Deutschen Bundestages 1980 bis 1987, 1. Aufl. 1988, Nomos Verlag Baden-Baden, S. 344 ff.
Abkürzungen: Koa = Koalition; BK = Bundeskanzler.

www.ingramcontent.com/pod-product-compliance
Lightning Source LLC
Chambersburg PA
CBHW050651190326
41458CB00008B/2518